AF205510

Impressum
Verlag: BABADADA GmbH, Nedderfeld 112 , 22529 Hamburg
Geschäftsführer / Verlagsleitung: Harald Hof
Druck: Books on Demand GmbH, In de Tarpen 42, 22848 Norderstedt

Imprint
Publisher: BABADADA GmbH, Nedderfeld 112 , 22529 Hamburg, Germany
Managing Director / Publishing direction: Harald Hof
Print: Books on Demand GmbH, In de Tarpen 42, 22848 Norderstedt, Germany

klasseværelse
教室

dividere
除

186/2

tavle
黑板

skolegård
校园

lærer
老师

papir
纸

skrive
书写

pen
钢笔

skrivebord
办公桌

lineal
直尺

bog
书

elev
学生

skoletaske

书包

penalhus

铅笔盒

blyant

铅笔

blyantspidser

卷笔刀

viskelæder

橡皮擦

tegneblok

画板

tegning

图画

pensel

画笔

æske med vandfarver

颜料盒

saks

剪刀

lim

胶水

opgavehefte

练习册

lektie

家庭作业

12

tal

数字

2+2

addere

加

5-2

subtrahere

减

2×2

multiplicere

乘

regne

计算

A

bogstav

字母

ABCDEFG
HIJKLMN
OPQRSTU
VWXYZ

alfabet

字母表

hello

ord

字

tekst

课文

læse

读

kridt

粉笔

time

上课

klasseprotokol

登记

eksamen

考试

karakterbog

证书

skoleuniform

校服

uddannelse

教育

leksikon

百科全书

universitet

大学

mikroskop

显微镜

kort

地图

papirkurv

废纸筐

hotel
酒店

herberg
青年旅社

vekselkontor
外币兑换处

kuffert
手提箱

bil
汽车

sprog

语言

ja / nej

是/否

okay

好的

hej

您好

oversætter

翻译员

tak

谢谢

hvad koster...?

......多少钱？

Jeg forstår ikke

我不明白

problem

问题

God aften!

晚上好！

God morgen!

早上好！

God nat!

晚安！

farvel

再见

retning

方向

bagage

行李

taske

包

rygsæk

双肩包

gæst

客人

værelse

房间

sovepose

睡袋

telt

帐篷

turistinformation

旅游信息

strand

海滩

kreditkort

信用卡

morgenmad

早餐

middagsmad

午餐

aftensmad

晚餐

billet

票

elevator

电梯

frimærke

邮票

grænse

边界

told

海关

ambassade

大使馆

visum

签证

pas

护照

flyvemaskine
飞机

skib
船

brandbil
消防车

bus
公交车

lastbil
卡车

motorbåd
汽艇

cykel
自行车

bil
汽车

færge

摆渡船

båd

小船

motorcykel

摩托车

politibil

警车

racerbil

赛车

lejebil

租车

samkørsel

拼车

kranbil

拖车

skraldebil

垃圾车

motor

发动机

benzin

汽油

tankstation

加油站

trafikskilt

交通标志

trafik

交通

trafikprop

交通堵塞

parkeringsplads

停车场

banegård

火车站

skinner

轨道

tog

火车

sporvogn

电车

wagon

货车

helikopter

直升机

lufthavn

机场

tårn

塔

passager

乘客

container

集装箱

karton

纸板箱

kærre

手推车

kurv

篮子

starte / lande

起飞/降落

by

城市

landsby

村庄

bymidte

市中心

hus

房子

biograf
电影院

reklame
广告

gadelygte
路灯

gade
街道

taxi
出租车

fodgænger
行人

kiosk
小吃店

fortov
人行道

kryds
十字路口

fodgængerovergang
斑马线

skraldespand
垃圾箱

lyskurv
红绿灯

hytte

小屋

lejlighed

公寓

banegård

火车站

rådhus

市政厅

museum

博物馆

skole

学校

universitet

大学

bank

银行

sygehus

医院

hotel

酒店

apotek

药房

kontor

办公室

boghandel

书店

butik

商店

blomsterbutik

花店

supermarked

超市

marked

市场

stormagasin

百货商店

fiskehandler

鱼店

butikscenter

购物中心

havn

海港

by - 城市

park

公园

bænk

长凳

bro

桥

trappe

楼梯

undergrundsbane

地铁

tunnel

隧道

busstoppested

公交车站

barnevogn

酒吧

restaurant

餐馆

postkasse

邮筒

vejskilt

路标

parkometer

停车计时器

zoo

动物园

badeanstalt

游泳馆

moske

清真寺

bondegård

农场

miljøforurening

污染

kirkegård

墓地

kirke

教堂

legeplads

操场

tempel

寺庙

landskab

地形

blad
树叶

vejviser
指示牌

vej
路

eng
草地

sten
石头

træ
树

vandrer
徒步旅行
者

flod
河

græs
草

blomst
花

dal

峡谷

bjerg

山

sø

湖

skov

森林

ørken

沙漠

vulkan

火山

slot

城堡

regnbue

彩虹

svamp

蘑菇

palme

棕榈树

moskito

蚊子

flue

苍蝇

myre

蚂蚁

bi

蜜蜂

edderkop

蜘蛛

bille

甲虫

frø

青蛙

egern

松鼠

pindsvin

刺猬

hare

野兔

ugle

猫头鹰

fugl

鸟

svane

天鹅

vildsvin

野猪

hjort

鹿

elg

麋鹿

dæmning

水坝

vindmølle

风力发电机

solcellemodul

太阳能电池板

klima

气候

tjener
服务员

spisekort
菜单

stol
椅子

suppe
汤

pizza
披萨饼

bestik
餐具

borddug
桌布

forret

前菜

hovedret

主菜

dessert

甜点

drikkevarer

饮料

mad

食物

flaske

瓶子

fastfood

快餐

streetfood

街边小吃

tekande

茶壶

sukkerdåse

糖盒

portion

一份饭菜

espressomaskine

意式咖啡机

barnestol

高脚椅

faktura

账单

tablet

托盘

kniv

刀

gaffel

餐叉

ske

勺子

teske

茶匙

serviet

餐巾

glas

玻璃杯

tallerken

碟子

dyb tallerken

汤盘

underkop

碟子

sovs

酱

saltbøsse

盐瓶

peberkværn

胡椒磨

eddike

醋

olie

食用油

krydderier

调味料

ketchup

番茄酱

sennep

芥末

mayonnaise

蛋黄酱

tilbud
特价

kunde
顾客

FOR

mælkeprodukter
乳制品

frugt
水果

indkøbsvogn
购物车

slagter
....
肉铺

bageri
....
面包房

veje
....
称重

grøntsager
....
蔬菜

kød
....
肉

frostvarer
....
冷冻食品

pålæg

冷盘

konserves

罐头食品

vaskemiddel

洗衣粉

slik

甜食

husholdningsvarer

日用品

rengøringsmidler

清洁用品

ekspedient

销售员

kasse

收银机

kasserer

收银员

indkøbsliste

购物清单

åbningstider

开放时间

tegnebog

钱包

kreditkort

信用卡

taske

袋子

plasticpose

塑料袋

supermarked - 超市

vand

水

saft

果汁

mælk

牛奶

cola

可乐

vin

红酒

øl

啤酒

alkohol

酒

kakao

可可

te

茶

kaffe

咖啡

espresso

意式浓缩咖啡

cappuccino

卡布奇诺

banan

香蕉

æble

苹果

appelsin

橙子

melon

西瓜

citron

柠檬

gulerod

胡萝卜

hvidløg

大蒜

bambus

竹子

løg

洋葱

svamp

蘑菇

nødder

坚果

nudler

面条

spaghetti

意大利面条

ris

米饭

salat

沙拉

pomfritter

薯条

stegte kartofler

炸土豆

pizza

披萨饼

hamburger

汉堡包

sandwich

三明治

schnitzel

炸猪排

skinke

火腿

salami

萨拉米

pølse

香肠

kylling

鸡肉

steg

烤肉

fisk

鱼

havregryn

燕麦片

mysli

穆兹利

cornflakes

玉米片

mel

面粉

croissant

羊角面包

rundstykke

面包卷

brød

面包

toast

烤面包

kiks

饼干

smør

黄油

kvark

凝乳

kage

蛋糕

æg

蛋

spejlæg

煎蛋

ost

奶酪

is

冰激凌

sukker

糖

honning

蜂蜜

marmelade

果酱

nougat-creme

巧克力酱

karry

咖喱饭

bondehus
农舍

halmballer
稻草捆

skur
粮仓

mark
田野

hest
马

anhænger
拖车

traktor
拖拉机

føl
马驹

æsel
驴

får
羊

lam
羔羊

ged

山羊

ko

奶牛

kalv

牛犊

svin

猪

gris

小猪

tyr

公牛

gås

鹅

and

鸭

kylling

小鸡

høne

母鸡

hane

公鸡

rotte

鼠

kat

猫

mus

老鼠

okse

牛

hund

狗

hundehus

狗屋

haveslange

花园浇水软管

vandkande

洒水壶

le

长柄大镰刀

plov

犁

segl

镰刀

hakkejern

锄头

møggreb

长柄草耙

økse

斧头

trillebør

独轮手推车

trug

饲料槽

mælkekande

牛奶罐

sæk

麻布袋

hæk

栅栏

stald

马厩

drivhus

温室

jord

土壤

frø

种子

gødning

肥料

mejetærsker

联合收割机

høste

收割

høst

收割

yams

山药

hvede

小麦

soja

大豆

kartoffel

土豆

majs

玉米

raps

油菜籽

frugttræ

果树

maniok

树薯

korn

谷物

skorsten
烟囱

tag
屋顶

tagrende
落水管

vindue
窗户

garage
车库

dørklokke
门铃

dør
门

skraldespand
垃圾桶

postkasse
信箱

have
花园

stue

客厅

badeværelse

浴室

køkken

厨房

soveværelse

卧室

børneværelse

儿童房

spisestue

餐厅

gulv

地板

væg

墙壁

loft

吊顶

kælder

地窖

sauna

桑拿

altan

阳台

terrasse

露台

svømmehal

游泳池

plæneklipper

割草机

dynebetræk

被单

dyne

床罩

seng

床

kost

扫帚

spand

水桶

kontakt

开关

tapet
▶ 壁纸

billede
照片

lampe
台灯 ◀

reol
搁架

skab
橱柜

pejs
壁炉

fjernsyn
电视机

blomst
花

pude
垫子

vase
花瓶

sofa
沙发 ◀

fjernbetjening
▶ 遥控器

gulvtæppe

地毯

gardin

窗帘

bord

餐桌

stol

椅子

gyngestol

摇椅

lænestol

扶手椅

bog

书

tæppe

毯子

dekoration

装饰品

brænde

木柴

film

电影

stereoanlæg

高保真音响

nøgle

钥匙

avis

报纸

maleri

油画

plakat

海报

radio

收音机

notesblok

笔记本

støvsuger

吸尘器

kaktus

仙人掌

lys

蜡烛

køleskab
冰箱

mikrobølgeovn
微波炉

køkkenvægt
厨房秤

brødrister
烤面包机

rengøringsmiddel
洗洁精

bageovn
烤箱

fryserum
冰柜

skraldespand
垃圾桶

opvaskemaskine
洗碗机

komfur

炊具

gryde

锅

jerngryde

铸铁锅

wok / kadai

炒锅

pande

平底锅

elkedel

水壶

dampkoger

蒸锅

bageplade

烤盘

service

陶瓷锅

bæger

马克杯

skål

碗

spisepinde

筷子

øseske

长柄勺

paletkniv

铲子

piskeris

搅拌器

dørslag

滤网

si

筛子

rive

磨碎机

morter

研钵

grille

烧烤

ildsted

明火

skærebræt

菜板

kagerulle

擀面杖

proptrækker

开瓶器

dåse

罐子

dåseåbner

开罐器

grydelap

隔热手套

køkkenvask

水槽

børste

刷子

svamp

海绵

blender

搅拌机

dybfryser

冷藏箱

sutteflaske

奶瓶

vandhane

水龙头

radiator
供暖设备

brusebad
淋浴

håndklæde
毛巾

bruserforhæng
浴帘

skumbad
泡沫浴

badekar
浴缸

glas
玻璃杯

vaskemaskine
洗衣机

fliser
瓷砖

vandhane
水龙头

tissepotte
便壶

køkkenvask
水槽

toilet	hugsiddende toilet	bidet
厕所	蹲便器	坐浴器

pissoir	toiletpapir	toiletbørste
小便池	厕纸	马桶刷

tandbørste

牙刷

tandpasta

牙膏

tandtråd

牙线

vaske

洗

håndbruser

手持式喷淋头

intimbruser

冲洗器

vaskefad

洗脸盆

badebørste

擦背刷

sæbe

肥皂

brusegele

沐浴露

shampoo

洗发水

vaskeklud

法兰绒

afløb

排水

creme

乳霜

deodorant

除臭剂

spejl

镜子

kosmetikspejl

手镜

barberhøvl

剃须刀

barberskum

剃须泡沫

barbervand

须后水

kam

梳子

børste

刷子

hårtørrer

吹风机

hårspray

喷发定型剂

makeup

化妆品

læbestift

唇膏

neglelak

指甲油

vat

化妆棉

neglesaks

指甲剪

parfume

香水

toilettaske

洗漱包

skammel

凳子

vægt

计重秤

badekåbe

浴袍

gummihandsker

橡胶手套

tampon

卫生棉条

damebind

卫生巾

kemisk toilet

化学厕所

vækkeur
闹钟

bamse
毛绒玩具

legetøjsbil
玩具车

skralde
拨浪鼓

dukkehus
玩具屋

gave
礼物

ballon
气球

seng
床

barnevogn
（洋娃娃用）婴儿车

kortspil
扑克牌

puslespil
拼图

tegneserie
漫画

legoklodser

乐高积木

byggeklodser

积木玩具

action figur

玩具人

sparkedragt

婴儿服

frisbee

飞盘

uro

床铃玩具

brætspil

棋盘游戏

terning

骰子

modeljernbane

火车模型

sut

安抚奶嘴

fest

聚会

billedbog

绘本

bold

球

dukke

洋娃娃

lege

玩

sandkasse

沙坑

gynge

秋千

legetøj

玩具

spillekonsol

游戏机

trehjulet cykel

三轮车

bamse

泰迪熊

klædeskab

衣柜

tøj

衣服

sokker

袜子

strømper

长袜

strømpebukser

紧身裤

sjal
围巾

paraply
雨伞

T-shirt
T恤

bælte
皮带

støvler
靴子

hjemmesko
拖鞋

sneakers
运动鞋

sandaler

凉鞋

sko

鞋

gummistøvler

雨靴

underbukser

内裤

BH

胸罩

undertrøje

背心

body

身体

bukser

裤子

jeans

牛仔裤

nederdel

短裙

bluse

女式衬衫

skjorte

衬衫

pullover

套头衫

sweatshirt

卫衣

blazer

西装夹克

jakke

夹克

frakke

外套

regnfrakke

雨衣

kostume

套装

kjole

连衣裙

brudekjole

婚纱

tøj - 衣服

jakkesæt

西装

nattrøje

睡袍

pyjamas

睡衣

sari

莎丽

hovedtørklæde

头巾

turban

包头巾

burka

波卡

kaftan

卡夫坦

abaya

(阿拉伯式)长袍长袍

badedragt

泳衣

badebukser

男式泳裤

korte bukser

短裤

træningsdragt

运动服

forklæde

围裙

handsker

手套

knap

纽扣

briller

眼镜

armbånd

手链

kæde

项链

ring

戒指

ørering

耳环

hue

便帽

bøjle

衣架

hat

帽子

slips

领带

lynlås

拉链

hjelm

头盔

seler

背带

skoleuniform

校服

uniform

制服

hagesmæk

围兜

sut

安抚奶嘴

ble

尿不湿

kontor

办公室

server
服务器

arkivskab
文件柜

printer
打印机

papir
纸

skærm
显示屏

skrivebord
办公桌

mus
鼠标

mappe
文件夹

tastatur
键盘

papirkurv
废纸筐

computer
电脑

stol
椅子

kaffekrus

咖啡杯

lommeregner

计算器

internet

因特网

bærbar

笔记本电脑

brev

信件

besked

消息

mobil

手机

netværk

网络

kopimaskine

复印机

software

软件

telefon

电话

stikdåse

插座

fax

传真机

formular

表格

dokument

文件

købe

买

betale

付钱

handle

交易

penge

现金

dollar

美元

euro

欧元

yen

日元

rubel

卢布

schweizerfranc

瑞士法郎

renminbi yuan

人民币

rupee

卢比

hæveautomat

提款处

vekselkontor

外币兑换处

guld

金

sølv

银

olie

石油

energi

能源

pris

价格

kontrakt

合同

skat

税金

aktie

股票

arbejde

工作

ansat

职员

arbejdsgiver

老板

fabrik

工厂

butik

商店

politimand
警官

brandmand
消防员

pilot
飞行员

kok
厨师

læge
医生

gartner

园丁

tømrer

木匠

syerske

裁缝

dommer

法官

kemiker

化学家

skuespiller

演员

buschauffør

公交车司机

taxachauffør

出租车司机

fisker

渔夫

rengøringskone

清洁女工

tagdækker

屋顶工

tjener

服务员

jæger

猎人

maler

画家

bager

面包师

elektriker

电工

bygningsarbejder

建筑工人

ingeniør

工程师

slagter

屠夫

vvs-mand

水管工

postbud

邮递员

soldat

士兵

arkitekt

建筑师

kasserer

收银员

blomsterhandler

花农

frisør

理发师

togfører

售票员

mekaniker

机械师

kaptajn

船长

tandlæge

牙医

videnskabsmand

科学家

rabbiner

拉比

imam

伊玛目

munk

和尚

præst

牧师

hammer
铁锤

tang
钳子

skruedrejer
螺丝刀

skruenøgle
扳手

lommelygte
手电筒

gravemaskine

挖掘机

værktøjskasse

工具箱

stige

梯子

sav

锯子

søm

钉子

bor

钻机

reparere
修

skovl
铲子

Lort!
靠！

fejebakke
簸箕

malerspand
油漆桶

skruer
螺丝

musikinstrumenter
乐器

trommer
打击乐器

højttaler
扬声器

guitar
吉他

kontrabas
低音提琴

trompet
小号

klaver

钢琴

violin

小提琴

bas

贝斯

pauke

定音鼓

tromme

鼓

keyboard

电子琴

saxofon

萨克斯管

fløjte

长笛

mikrofon

麦克风

tiger
老虎

indgang
入口

bur
笼子

zebra
斑马

dyrefoder
动物饲料

panda
熊猫

dyr

动物

elefant

大象

kænguru

袋鼠

næsehorn

犀牛

gorilla

大猩猩

bjørn

熊

kamel

骆驼

struds

鸵鸟

løve

狮子

abe

猴子

flamingo

火烈鸟

papegøje

鹦鹉

isbjørn

北极熊

pingvin

企鹅

haj

鲨鱼

påfugl

孔雀

slange

蛇

krokodille

鳄鱼

dyrepasser

动物园管理员

sæl

海豹

jaguar

美洲豹

pony

矮种马

leopard

豹

flodhest

河马

giraf

长颈鹿

ørn

老鹰

vildsvin

野猪

fisk

鱼

skildpadde

龟

hvalros

海象

ræv

狐狸

gazelle

羚羊

amerikansk football
橄榄球

cykling
骑自行车

tennis
网球

basketball
篮球

svømning
游泳

boksning
拳击

ishockey
冰球

fodbold
英式足球

badminton
羽毛球

atletik
田径

håndbold
手球

skiløb
滑雪

polo
马球

springe
跳

grine
笑

give et knus
拥抱

synge
唱

gå
走路

drømme
做梦

bede
祈祷

kysse
亲吻

skrive
·········
书写

tegne
·········
画

vise
·········
展示

skubbe
·········
推

give
·········
给

tage
·········
拿

have

有

gøre

做

være

当

stå

站

løbe

跑

trække

拉

kaste

扔

falde

摔倒

ligge

躺

vente

等待

bære

携带

sidde

坐

tage på

穿衣

sove

睡觉

vågne

醒来

se på

看

græde

哭

ae

抚摸

kæmme

梳头

tale

交谈

forstå

明白

spørge

问

høre

听

drikke

喝

spise

吃

rydde op

清理

elske

爱

koge

做饭

køre

开车

flyve

飞

sejle

航行

regne

计算

læse

读

lære

学习

arbejde

工作

gifte sig med

结婚

sy

缝

børste tænder

刷牙

dræbe

杀

ryge

抽烟

sende

寄

familie
家

bedstemor
祖母

bedstefar
祖父

far
父亲

mor
母亲

baby
婴童

datter
女儿

søn
儿子

gæst

客人

tante

阿姨

onkel

叔叔

bror

兄弟

søster

姐妹

familie - 家

67

pande
前额

øje
眼睛

skulder
肩膀

finger
手指

ansigt
脸

hage
下巴

hånd
手

bryst
乳房

ben
腿

arm
手臂

baby

婴童

mand

男人

kvinde

女人

pige

女孩

dreng

男孩

hoved

头

ryg

背部

mave

肚子

navle

肚脐

tå

脚趾

hæl

脚后跟

knogle

骨头

hofte

臀部

knæ

膝盖

albue

手肘

næse

鼻子

bagdel

屁股

hud

皮肤

kind

脸颊

øre

耳朵

læbe

嘴唇

mund
嘴

tand
牙齿

tunge
舌头

hjerne
脑

hjerte
心脏

muskel
肌肉

lunge
肺

lever
肝脏

mavesæk
胃

nyrer
肾脏

sex
性交

kondom
避孕套

ægcelle
卵子

sperm
精子

svangerskab
怀孕

menstruation

月经

vagina

阴道

penis

阴茎

øjenbryn

眉毛

hår

头发

hals

脖子

sygehus
医院

ambulance
救护车

kørestol
轮椅

brud
骨折

læge

医生

akutmodtagelse

急诊室

sygeplejerske

护士

nødstilfælde

紧急情况

bevidstløs

昏迷

smerte

痛

skade

受伤

blødning

出血

hjerteinfarkt

心脏病发作

slagtilfælde

中风

allergi

过敏

hoste

咳嗽

feber

发烧

influenza

流感

diarré

腹泻

hovedpine

头痛

kræft

癌症

diabetes

糖尿病

kirurg

外科医生

skalpel

手术刀

operation

手术

CT

CT

røntgen

X光

ultralyd

超声波

maske

口罩

sygdom

疾病

venteværelse

候诊室

krykke

拐杖

plaster

石膏

forbinding

绷带

injektion

注射

stetoskop

听诊器

båre

担架

termometer

体温计

fødsel

出生

overvægt

超重

høreapparat

助听器

desinficerende middel

消毒液

infektion

感染

virus

病毒

HIV / AIDS

艾滋病

medicin

药物

vaccination

接种疫苗

tabletter

药片

pille

药丸

nødopkald

急救电话

blodtryksmåler

血压计

syg / rask

生病/健康

Hjælp!

救命！

alarm

警报

overfald

突击

angreb

攻击

fare

危险

nødudgang

紧急出口

Det brænder!

着火啦！

ildslukker

灭火器

uheld

意外

førstehjælps-kuffert

急救箱

SOS

呼救信号

politi

警察

Europa

欧洲

Nordamerika

北美洲

Sydamerika

南美洲

Afrika

非洲

Asien

亚洲

Australien

澳洲

Atlanterhavet

大西洋

Stillehavet

太平洋

Indiske Ocean

印度洋

Sydlige Ishav

南冰洋

Ishav

北冰洋

Nordpol

北极

Sydpol

南极

Antarktis

南极洲

Jorden

地球

land

陆地

hav

海

ø

岛

nation

国家

stat

国家

urskive

钟面

timeviser

时针

minutviser

分针

sekundviser

秒针

Hvad er klokken?

现在几点？

dag

天

tid

时间

nu

现在

digitalur

电子表

minut

分

time

时

mandag 周一 MO
onsdag 周三 W
fredag 周五 FR
TU
TH
lørdag 周六 SA
tirsdag 周二
torsdag 周四
SO
søndag 周日

i går

昨天

i dag

今天

i morgen

明天

morgen

早晨

middag

中午

aften

晚上

MO	TU	WE	TH	FR	SA	SU
1	2	3	4	5	6	7
8	9	10	11	12	13	14
15	16	17	18	19	20	21
22	23	24	25	26	27	28
29	30	31	1	2	3	4

arbejdsdage

工作日

MO	TU	WE	TH	FR	SA	SU
1	2	3	4	5	6	7
8	9	10	11	12	13	14
15	16	17	18	19	20	21
22	23	24	25	26	27	28
29	30	31	1	2	3	4

weekend

周末

regnbue
彩虹

regn
雨

sne
雪

vind
风

forår
春

efterår
秋

sommer
夏

vinter
冬

vejrudsigt

天气预报

termometer

温度计

solskin

阳光

sky

云

tåge

雾

luftfugtighed

潮湿

lyn

闪电

torden

打雷

storm

风暴

hagl

冰雹

monsun

季风

flod

洪水

is

冰

januar

一月

februar

二月

marts

三月

april

四月

maj

五月

juni

六月

juli

七月

august

八月

september

九月

oktober

十月

november

十一月

december

十二月

former

形状

cirkel

圆形

kvadrat

正方形

firkant

长方形

trekant

三角形

kugle

球体

terning

立方体

hvid

白

gul

黄

orange

橙

pink

粉

rød

红

lilla

紫

blå

蓝

grøn

绿

brun

棕

grå

灰

sort

黑

meget / lidt

很多/少许

rasende / fredelig

生气/平静

smuk / grim

美/丑

begyndelse / slut

首/尾

stor / lille

大/小

lys / mørk

明/暗

bror / søster

兄弟/姐妹

ren / snavset

干净/肮脏

fuldkommen / ufuldkommen

完整/缺失

dag / nat

白天/晚上

død / levende

死/生

bred / smal

宽/窄

spiselig / uspiselig

可食用/非食用

vred / venlig

邪恶/善良

ophidset / kedet

兴奋/无聊

tyk / tynd

胖/瘦

først / sidst

第一/最后

ven / fjende

朋友/敌人

fuld / tom

满/空

hård / blød

硬/软

tung / let

重/轻

sult / tørst

饿/渴

syg / rask

生病/健康

illegal / legal

非法/合法

intelligent / dum

聪明/愚笨

venstre / højre

左/右

nær / fjern

近/远

ny / brugt

新/旧

intet / noget

没有/有些

gammel / ung

老/幼

tændt / slukket

开/关

åben / lukket

打开/合上

stille / højt

安静/吵闹

rig / fattig

富/穷

rigtig / forkert

对/错

ru / glat

粗糙/光滑

ked af det / lykkelig

伤心/高兴

kort / lang

短/长

langsom / hurtig

慢/快

våd / tør

湿/干

varm / kold

温暖/凉爽

krig / fred

战争/和平

0

nul

零

1

en

一

2

to

二

3

tre

三

4

fire

四

5

fem

五

6

seks

六

7

syv

七

8

otte

八

9

ni

九

10

ti

十

11

elleve

十一

12

tolv

十二

13

tretten

十三

14

fjorten

十四

15

femten

十五

16

seksten

十六

17

sytten

十七

18

atten

十八

19

nitten

十九

20

tyve

二十

100

hundrede

百

1.000

tusinde

千

1.000.000

million

百万

engelsk

英语

amerikansk engelsk

美式英语

kinesisk mandarin

普通话

hindi

印地语

spansk

西班牙语

fransk

法语

arabisk

阿拉伯语

russisk

俄语

portugisisk

葡萄牙语

bengalsk

孟加拉语

tysk

德语

japansk

日语

jeg

我

du

你

han / hun / den / det

他/她/它

vi

我们

I

你们

de

他们

hvem?

谁？

hvad?

什么？

hvordan?

怎样？

hvor?

哪里？

hvornår?

什么时候？

navn

名字

bag

后面

i

里面

foran

前面

over

上方

på

上面

under

下面

ved siden af

旁边

imellem

中间

sted

地点